En el mapa

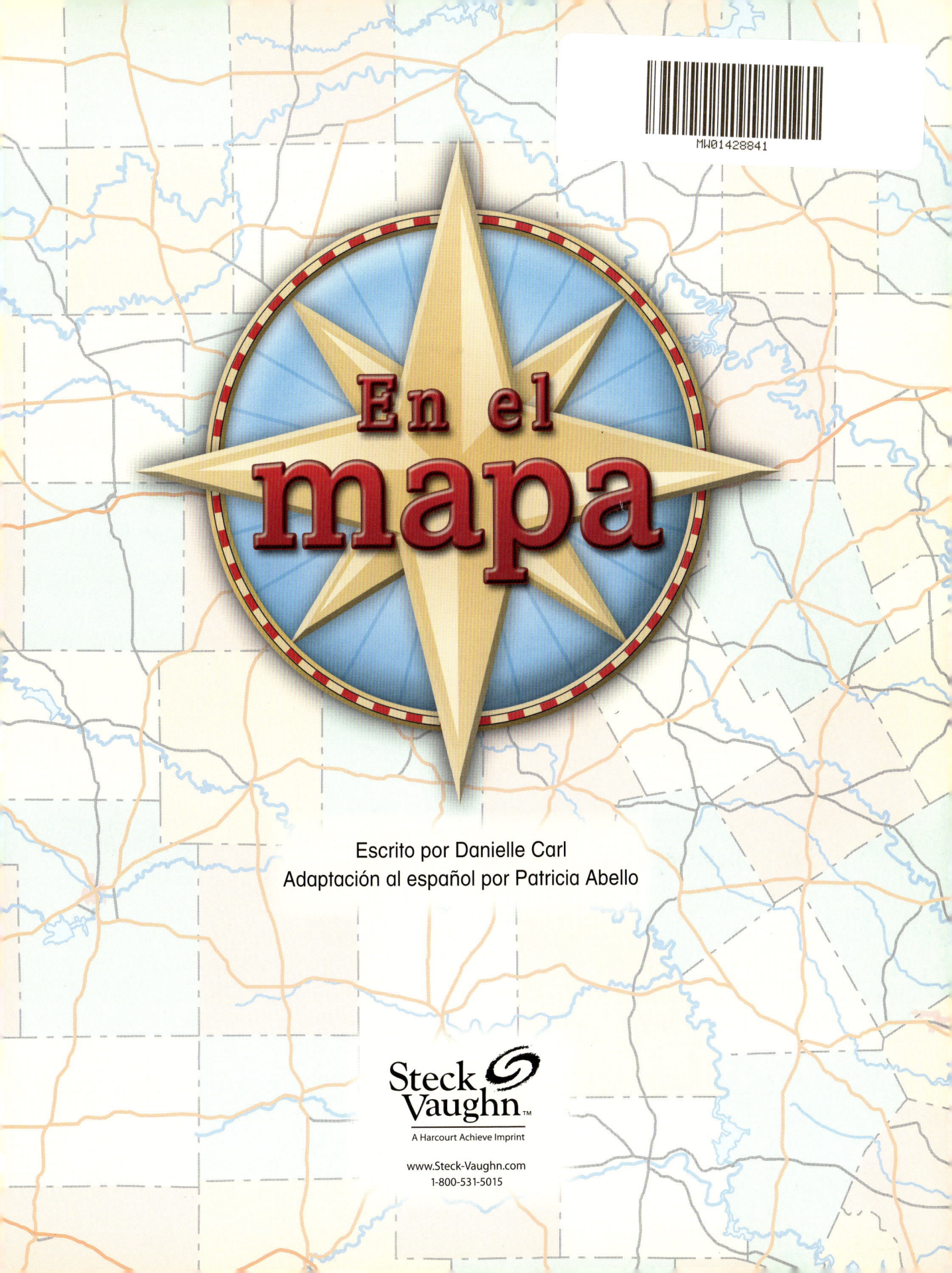

Escrito por Danielle Carl
Adaptación al español por Patricia Abello

Steck
Vaughn
A Harcourt Achieve Imprint

www.Steck-Vaughn.com
1-800-531-5015

Mira esta casa.

Puedes ver la puerta y las ventanas.

Puedes ver la casa de cerca.

Pero no ves la calle.

No ves lo que está al lado de la casa.

Esta foto fue tomada desde el aire.

Es una vista aérea.

¡Es como si vieras las cosas desde el cielo!

Puedes ver las calles y otras casas.

Mira la vista aérea de esta feria.

¿Dónde está la rueda de la fortuna?

¿Dónde está el carrusel?

Feria

Éste es un mapa de la feria.

El mapa nos da una vista aérea.

Los mapas nos sirven para orientarnos.

¿Dónde están la rueda de la fortuna y el carrusel?

Mira la vista aérea de este parque deportivo.
Aquí puedes jugar fútbol, correr y jugar tenis.

Éste es un mapa del parque deportivo. La leyenda muestra los símbolos del mapa. El símbolo de la cancha de fútbol es una 🏈. ¿Qué otros símbolos ves?

Parque deportivo

Leyenda
- Cancha de fútbol
- Cancha de tenis
- Pista de carreras

Mira la vista aérea de este castillo.

El río está en la parte de arriba de la foto.

¿Qué hay en la parte de abajo?

Arriba

Izquierda

Derecha

Abajo

Castillo

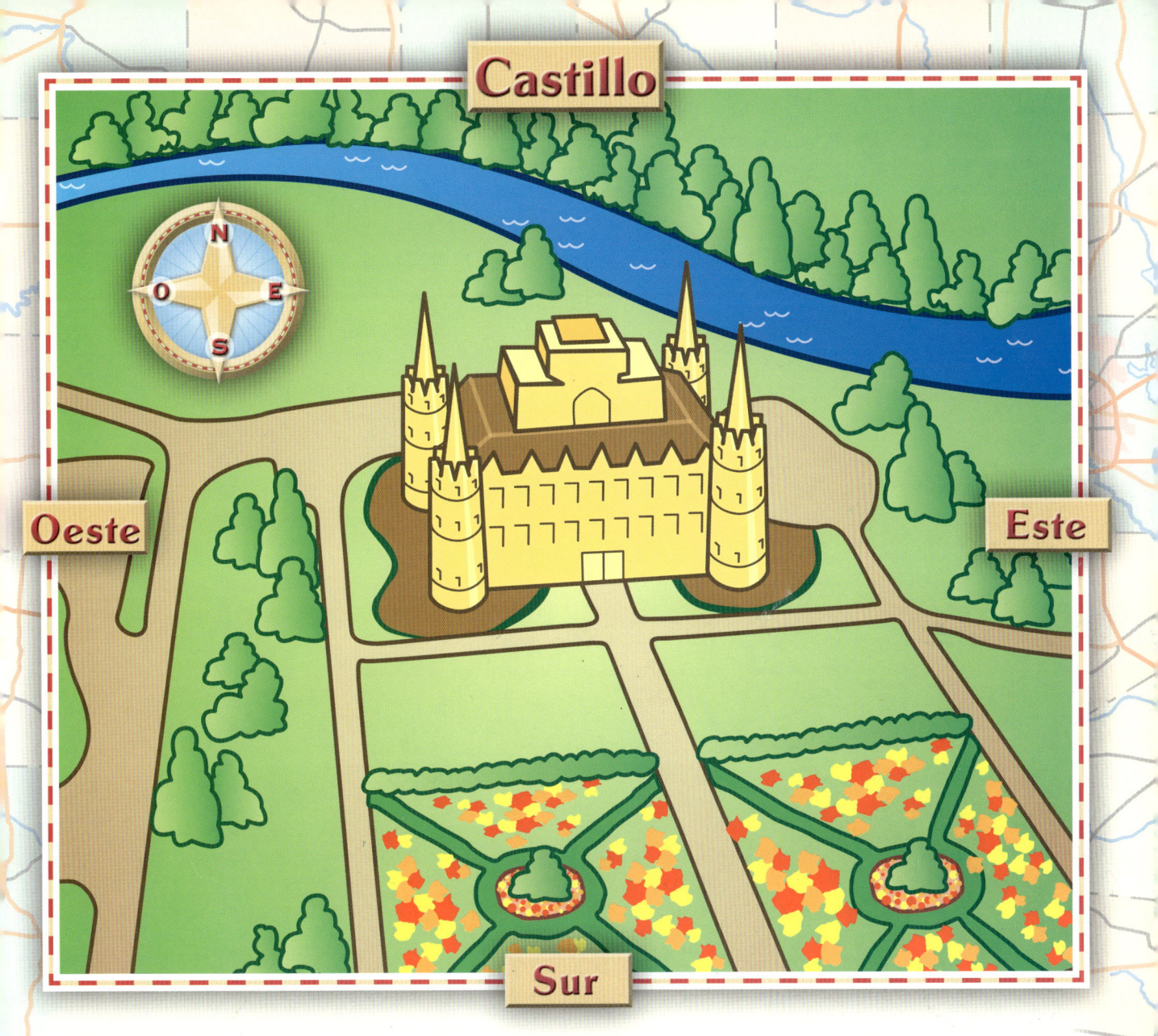

Oeste

Este

Sur

Éste es un mapa del castillo.

La rosa de los vientos muestra las direcciones.

El norte está arriba. El sur está abajo.

El oeste está a la izquierda y el este a la derecha.

¿Dónde está el río? ¿En el norte o en el sur?

¿Te gustan los zoológicos?
Cuando vayas al zoológico, usa un mapa.
El mapa te servirá para orientarte.

Poco después desenterraron una caja.
Vieron una bolsa con canicas y una nota.
Diana leyó la nota en voz alta.

Me llamo Bobby. Viví aquí en 1982.
Espero que les gusten estas canicas.

Diana corrió al lugar donde estaba Miguel.
—¡Aquí está la X del mapa! —dijo.

Diana volvió a meter el mapa en el frasco.
Ella y Miguel se turnaron para cavar.

Miguel se paró en la esquina de la casa.

Tenía la brújula en una mano.

Diana leyó las instrucciones del mapa:

—Da diez pasos hacia el norte.

Miguel lo hizo.

—Ahora, da quince pasos hacia el este.

El mapa tenía instrucciones.

—Diez pasos hacia el norte —leyó Diana—. Después, quince pasos hacia el este.

Miguel y Diana se miraron.
Corrieron a buscar una brújula y una pala.

Miguel y Diana miraron bien el mapa.

—Ésta es nuestra casa —dijo Diana—.
Y aquí está nuestro árbol.

—¡Mira, una X! —dijo Miguel—.
Éste debe ser el lugar del tesoro.

Adentro había un papel amarillento.

—¿Qué es esto, Miguel? —preguntó Diana.

—¡Es el mapa de un tesoro! —dijo Miguel.

Dentro del frasco había algo.
Miguel abrió la tapa con dificultad.

Diana estaba llenando una caja con ropa y juguetes.

—¡Mira esto, Diana! —dijo Miguel.

Le mostró un frasco viejo y lleno de polvo.

Diana y Miguel iban a mudarse de casa.
Estaban revisando sus cosas.
Iban a decidir qué regalar.

¡Mira, una X!

Escrito por Danielle Carl
Ilustraciones de Fabiola Graullera
Adaptación al español por Patricia Abello

Steck Vaughn
A Harcourt Achieve Imprint

www.Steck-Vaughn.com
1-800-531-5015